AF230374

LE CRI DE LA NATURE,

OU

LE FILS REPENTANT,

COMÉDIE

EN DEUX ACTES ET EN VERS, MÊLÉE D'ARIETTES,

Représentée, pour la première fois, sur le Théâtre de la CITÉ VARIÉTÉS, le décadi brumaire, l'an deuxième de la République Française.

Par CHARLES-LOUIS TISSOT, Citoyen de Dôle, Département du Jura, Musique du Citoyen NAVOGILLE.

Patet omnibus et prodest.

Prix, 1 liv. 10 sols.

A PARIS,

Chez la Citoyenne Toubon, sous les galeries du Théâtre de la République, et dans le passage vitré.

L'an 3 de la République Française.

A mon Père.

Agréez l'hommage que je vous fais de cet Ouvrage; c'est le tableau de l'amour paternel et de la nature. Je ne puis mieux le consacrer qu'au plus tendre des pères, qui est en même-tems le meilleur de mes amis.

Charles-Louis Tissot.

PERSONNAGES.	ACTEURS.
DOLBAN Père, sous le nom de Martin.	Le Citoyen DUBREUIL.
DOLBAN Fils.	Le Citoyen HYPPOLITE.
BELFORT, Ami de Dolban fils.	Le Citoyen VALLOTEAU.
VICTOR, jeune étourdi, neveu de Belfort.	Le Citoyen RABILE.
LUCAS, Fils de Perette, amant de Toinon.	Le Citoyen CHAPRON.
PERETTE, Fermière de Belfort.	La Citoyenne LACAILLE.
TOINON, Servante de Perette.	La Citoyenne CAZALE.

La Scène se passe au Village de Belfort.

En imprimant, j'ai l'honneur d'avoir cédé à la Citoyenne [...] le droit d'imprimer et de vendre le *Cri de la Nature*, ou le *Fils repentant*, Comédie dont je suis l'Auteur.

TISSOT.

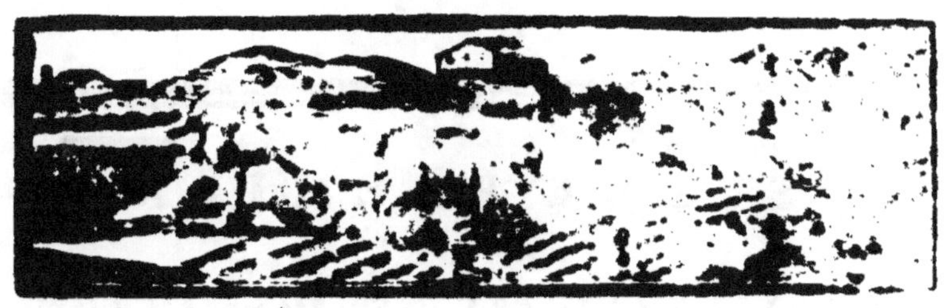

LE CRI DE LA NATURE,

OU

LE FILS REPENTANT,

COMÉDIE.

ACTE PREMIER.

Le Théâtre représente une avenue qui conduit à la maison de Belfort ; on apperçoit une grille au bout de ladite avenue : à la droite de la Scène, se trouvera la maison de la Fermière ; à la gauche, sera un berceau avec un arbre derrière, et sur lequel on puisse monter, pour y couper du feuillage.

SCÈNE PREMIÈRE.

MARTIN *assis sur un banc qui est dans le berceau.*

MISÉRABLE vieillard ! ! ô père infortuné !
A souffrir désormais je me vois condamné.
  Ah ! la trop grande confiance
  Que j'eus des enfans ingrats,
  Me fait desirer le trépas,
Et maudire à jamais le jour de leur naissance.
  J'ai cru faire tout pour le mieux,
En leur cédant mes biens ; mais, pour ma récompense,
  Je suis banni, chassé par ceux
  A qui j'ai donné l'existence.

AIR.

(Il se lève).

  O Dieu ! témoin de tout ce que j'endure,
  A mes enfans fais entendre ta voix ;
    Fais qu'ils éprouvent une fois
    Le sentiment de la Nature,
  Et d'un père trop bon qu'ils respectent les droits ;
    Apprends-leur qu'il est un supplice
    Qu'on reserve aux enfans ingrats.
  Mais non, grand Dieu ! j'implore ta justice ;
  Prends pitie de leur père, et ne les punis pas.
    Je ne suis point assez sévére
    Pour m'engager à les haïr.
    J'oublierais bientôt ma misére,
    Si je voyais leur repentir.

  O Dieu ! témoin, etc.

Hélas ! un père infortuné
Inspire le mépris quand il a tout donné !
J'en fais la triste expérience.
Mes enfans m'ont chassé... Je frémis quand j'y pense.
(*Il va s'asseoir*).
Je serais mort de faim sans l'hospitalité
Qu'une femme compatissante
Donne depuis trois mois à ma calamité...
Mais elle ne vient pas au gré de mon attente;
Elle aime, avec son fils, prendre part à mes maux...
Je cherche bien long-tems la douceur du repos.
(*Il s'endort sous le berceau*).

SCÈNE II.

Le Père MARTIN *endormi sous le berceau*, PERETTE *sort avec son fils* LUCAS, *qui tient un panier à la main*.

PERETTE *dans le fond, et regardant de tous côtés.*

Père Martin?

LUCAS.

Peut-être il parcourt le village.

PERETTE.

Lucas, prends bien garde au panier.

LUCAS.

Laisses-moi passer le premier.

A 3

(8)

Il est sous le berceau, je gage ?
Voyons un peu.

PERETTE.

Vas doucement.

LUCAS *s'approche du berceau.*

Je l'apperçois.... Je crois qu'il dort vraiment ;
    Mais le soleil est très-ardent ;
Ma mère, ses rayons dardent sur son visage :
    Je vais monter sur cet ormeau,
    Je vous jetterai du feuillage,
Et vous le placerez autour de ce berceau,
    Pour lui procurer de l'ombrage.

Lucas monte sur l'arbre, et se dispose à couper des
branches).

PERETTE *près du berceau où est Martin.*

    Ton arrivée en ma maison
De la Divinité fixe l'attention.
Martin, depuis trois mois, tout ici me prospère :
Je ne mérite pas un aussi doux salaire ;
De ces bienfaits pourtant toi seul en es l'auteur.

LUCAS *jetant des branches à sa mère.*

Tenez.

PERETTE *les plaçant autour du berceau.*

    Dans peu, le ciel, sensible à ton malheur,
Punira tes enfans de leur ingratitude ;
Mais ne te livre pas à la sollicitude.
(*Lucas descend de l'arbre, et vient placer une*
    branche de feuillage autour du berceau).

    Nous te tiendrons lieu d'eux ;
Tu n'es que notre ami, tu seras notre père ;

Mon fils et moi, nous te rendrons heureux,
Et nous te chérirons, comme ils devraient le faire.

*(Perette et Lucas ont tous les deux une branche de
feuillage qu'ils se disposent à placer sur la tête du
vieillard, mais à l'instant il se réveille).*

AIR.

MARTIN.

(Ils se mettent à côté de lui dans le berceau).

Tendres mortels, approchez-vous;
Depuis long-tems je vous desire.
Vous voir m'est un plaisir bien doux,
Et vous quitter est un martyre.
Vous allegez tous mes tourmens;
En prenant part à ma misère,
Je retrouve en vous des enfans;
Puissiez-vous en moi voir un pere!

PERETTE *après avoir donné un coup à boire au
pere Martin.*

Pourriez-vous douter de nos cœurs?

MARTIN.

Ah! jamais.

PERETTE.

Notre amour sera toujours durable.
Aider un vieillard respectable...

MARTIN *se levant, et sortant du berceau, ainsi que
Perette et Lucas.*

C'est partager tous ses malheurs,
Et sa déplorable existence;
Tandis que moi, pour votre récompense,
Je ne puis vous donner que ma reconnoissance.

PERETTE.

Votre amitié, Martin, et rien de plus.

MARTIN.

Les qualités du cœur sont inappréciables :
Rendre service à ses semblables
Est la première des vertus.

LUCAS.

Hélas! à quoi sert la richesse,
Si l'on ne veut pas être humain?
Rien n'est égal à la tendresse,
Ou en use avec son prochain.

TRIO.

LUCAS.	MARTIN.	PERETTE.
Ne nous quittons pas l'un et l'autre, Et nous serons tous trois heureux.		
	Un tel discours me rend joyeux : Aucun bonheur ne vaut le nôtre.	
Je vais unir mon sort au vôtre, Et le ciel comblera nos vœux;	Ne nous quittons pas l'un et l'autre. C'est le moyen d'être tous trois heureux.	
Le matin, le soir, Je viendrai vous voir.		Comme d'un époux,
Ce tendre devoir		J'aurai soin de vous; Des égards très-doux
Vous fera, j'espère,		Vous feront, j'espère,

LUCAS.	MARTIN.	PERETTE.
Goûter le bonheur.		Goûter le bonheur.
Le matin, le soir,		Comme d'un epoux,
Je viendrai vous voir.		J'aurai soin de vous.
L'amitié sincère,		L'amitie sincère,
Ce charme du cœur,		Ce charme du cœur,
Fera la douceur		Fera la douceur
Du plus tendre père.		Du plus tendre père.
Avec nous, toujours		Avec nous toujours
vous serez heureux.		vous serez heu-
		reux.
Je ferai sans cesse		us ferons sans
		cesse
Régner l'allégresse,		gner l'allégresse,
Les ris, les jeux ;		Les ris et les jeux.
Je vous serai tou-		
jours soumis.		
	Ah! Perette !	
En moi voyez un de		
vos fils.		
	Ah! mon cher Lu-	
	cas !	
	Que je vous serre	
	entre mes bras !	
	Que je vous serre	
	entre mes bras !	
		Mon, fils tu l'en-
		tends bien,
		Mon fils, tu l'en-
		tends bien.
		Son amour est égal
		au tien.
Le matin, le soir,	Ah! Lucas !	Comme d'un époux,
Je viendrai vous		
voir.		
Ce tendre devoir,	Ah! Perette !	J'aurai soin de vous,
	'Ah! Perette !	Des égards très-
		doux

(12)

LUCAS.	MARTIN.	PERETTE.
Vous fera, j'espère,	Ah! Lucas!	Vous feront, j'espère,
Goûter le bonheur.	Perette! Ah! mon cher Lucas!	Goûter le bonheur.
Le matin, le soir,		Comme d'un époux,
Je viendrai vous voir.	Comment satisfaire!	J'aurai soin de vous.
L'amitié sincère,	A votre amitié sincère,	L'amitié sincère,
Ce charme du cœur,		Ce charme du cœur,
Fera la douceur	Je dis la paix, le bonheur.	Fera la douceur
Du plus tendre père.		Du plus tendre père.
Le matin, le soir,	Ah! que n'ai-je la douceur	Comme d'un époux,
Je viendrai vous voir.		J'aurai soin de vous,
Et tout mon bonheur		Et tout mon bonheur
Sera de vous complaire.	De pouvoir vous satisfaire!	Sera de vous complaire.

PERETTE à Martin.

Rentrez à la maison, vous serez plus tranquille.
Venez... Donnez-moi votre bras ;
Vous trouverez dans cet asyle
Toujours de bons amis.

MARTIN.

Ah! je n'en doute pas.

Lucas accompagne Martin et sa mère jusqu'à la porte, et revient sur ses pas.

SCÈNE III.

Lucas *seul.*

Combien Toinon me fait attendre !
Je suis de ses beaux yeux le très-humble valet ;
Mais quand je brûle ici de l'amour le plus tendre,
Doit-elle m'y laisser planté comme un piquet ?

AIR.

Premier couplet.

Je ne veux plus du mariage ;
C'est se lier pour trop long-tems.
Que de regrets, que de tourmens,
Lorsque pour la vie on s'engage !
Peine d'amour, chagrin, souci !
C'est ne plus vivre qu'à demi.
Morbleu, morbleu, morbleu, morbleu,
Morbleu, je ne suis pas si bête.
Quand la femme prend le haut ton,
Il faut plier, faire le bon,
Afin d'éviter la tempête.
   Morbleu, morbleu, morbleu,
    Morbleu, morbleu, morbleu,
Il faut plier, faire le bon,
Afin d'éviter la tempête.

Deuxième couplet.

Quand on ne vit que pour soi-même,
On mange, on boit... C'est ennuyeux.
Au hasard d'être malheureux,
Il faut aimer, pour qu'on nous aime.
Peine d'amour, chagrin, souci,
Ne m'épouvantent qu'à demi.

Morbleu, morbleu, morbleu, morbleu,
Morbleu, je ferai comme un autre.
Quand elle prendra le haut ton,
Je dirai ma femme a raison,
Et son avis sera le nôtre.
  Morbleu, morbleu, morbleu,
  Morbleu, morbleu, morbleu,
Je dirai ma femme a raison,
Et son avis sera le nôtre.

  Oui, fions-nous à notre amie ;
  C'est le moyen de nous guérir.
  Abandonnons la jalousie ;
  C'est un mal qui fait trop souffrir ;
Mais Toinon ne vient point... Hélas ! où peut-être...
Asseyons-nous... Elle viendra peut-être.

TOINON *arrive doucement, et lui frappe sur l'épaule
à l'instant qu'il se dispose à s'asseoir.*

Lucas a de l'humeur ?... Qui peut la faire naître ?

SCÈNE IV.

LUCAS, TOINON.

LUCAS *la prenant par la main.*

AIR.

Premier Couplet.

AH, ma Toinon, tu n'es pas sage !
Tu m'écoutois, ça n'est pas beau.

(15)

TOINON.

En venant, j'ai vu ton chapeau
A travers ce charmant feuillage;
J'ai de même entendu ta voix
Que répétoit l'écho du voisinage;
J'ai de même entendu ta voix,
Et cru l'ouïr pour la première fois.

Deuxième Couplet.

LUCAS.

Ah! combien ce tendre langage
Vient de rassurer ton amant!
Un rien peut faire son tourment;
Mais un coup-d'œil le dédommage.
Oui, chaque fois que je te vois,
Ah! c'est pour moi le plus heureux présage.
Oui, chaque fois que je te vois,
Je crois te voir pour la première fois.

Ah! Toinon, combien j'ai de plaisir avec toi!
Qu'il tarde à mon impatience
De t'offrir à jamais ma foi!
Tu peux compter sur ma constance.
A ma mère aujourd'hui, je demande ta main.

TOINON.

De tes biens, mon ami, l'extrême différence...

LUCAS.

De son aveu je suis certain.
On est assez riche au village,
Quand on est vertueuse et sage.

TOINON.

Une servante, hélas! une fille de rien

Peut-elle être un jour ton épouse?
Ta mère...

LUCAS.

Elle sera jalouse
De former un si doux lien.
Cesse de t'affliger, et ne perds pas courage;
Près d'elle, tes vertus seront ton héritage.
Permets que je t'embrasse.

TOINON.

Ah! Lucas, doucement.

LUCAS.

Eh! pourquoi rebuter le plus fidéle amant?

DUO.

LUCAS.	TOINON.
Ah! ah! donne-moi ce baiser charmant	
Avant le mariage:	
Tu sais bien qu'en village,	
On est rarement inconstant:	
Pourrois-tu douter de ton amant!	
	Lucas, je dois...
Le laisser prendre.	
	Le refuser.
Le laisser prendre.	
	Oui, ce baiser,
Pourquoi vouloir me faire attendre!	
	Je dois encor le faire attendre.
Donne, donne, ah! donne-moi ce baiser charmant,	Eh bien, eh bien, eh bien, amant tendre et constant,
	Et,

LUCAS.	TOINON.
Et, sans tirer à conséquence, (*Il l'embrasse*).	Prends ce baiser prompte- ment:
Ah! pour moi quelle jouis- sance! Que je suis heureux!	Mais sans tirer à consé- quence. Mon cher Lucas, mon cher Lucas!
Que je suis heureux! Ce jour comblera tous nos vœux! Ce jour comblera tous n s vœux!	Mon ami, tu verras Que nous serons heureux! Ce jour comblera tous nos vœux.
Rends-le-moi, rends-le-moi, ce baiser charmant Avant le mariage. Tu sais bien qu'au village, On est rarement inconstant. Pourrois-tu douter de ton amant!	Il suffit, il suffit, il suffit d'un baiser, vraiment Avant le mariage. Je suis bien qu'au village, On est rarement inconstant. Je ne doute point de mon amant.

LUCAS.

Dès ce moment, bannissons le chagrin :
Je vais tout déclarer au vieux père Martin,
Lui peindre mon amour, il verra mon martyre;
Il parlera pour nous.

TOINON.

J'oubliois de te dire
Qu'au logis ta mère t'attend.

LUCAS.

Ah! ma Toinon, c'est sûrement
Pour aller tenir compagnie
A cet infortuné vieillard.

B

Tout cela tourne au gré de mon envie ;
De notre amour je vais lui faire part.
   Il a beaucoup d'expérience ;
A ma mère aujourd'hui, sans doute il parlera.
Comme elle met en lui toute sa confiance,
Son avis, j'en suis sûr, la déterminera.

TOINON.

Mais dépêche-toi.

LUCAS *s'en allant.*

Je te quitte.
(*Il se retourne*).
Où vas-tu donc en ce moment?

TOINON.

Chez Belfort ; je vais au plus vîte,
De la part de ta mère, y porter de l'argent.

LUCAS *en sortant.*

Prends bien garde à Victor ; c'est un entreprenant.

TOINON.

Oh! ne crains rien.

SCÈNE V.

TOINON, VICTOR sort de la grille.

TOINON se croyant seule.

Allons faire notre message,
Afin d'aller nous remettre à l'ouvrage.

VICTOR paroissant et l'arrêtant.

Que dites-vous, la belle enfant ?

TOINON.

Je suis pressée.

VICTOR.

Attendez un instant.
En vérité, Toinon, l'on n'est pas plus aimable :
Ma parole d'honneur, je vous trouve adorable.

ARIETTE.

Quel front, quel nez, quel œil frippon !
Quelle bouche, et quelle figure !
Quelle taille, et quel pied mignon !
Dieu ! quelle agréable tournure !
Lorsqu'on vous voit, l'on sent déjà
Que de vous plaire on est peu digne.
Belle comme l'étoit Léda,
Pour vous charmer, à vos yeux que ne suis-je un cygne !

B 2

TOINON.

Eh ! que me parlez-vous de cygne et de Léda ?
Je ne connois point ces gens-là.

AIR.

VICTOR.

Un baiser , je vous en conjure.

TOINON.

Victor, ne faites pas l'enfant ;
Je n'en donne qu'à mon amant.

VICTOR.

Je n'en dirai mot, je vous jure.
(*Toinon l'égratigne et s'enfuit*).
Juste ciel ! quelle égratignure !
Quel mal affreux , quel mal affreux !
Ah ! c'est vraiment très-dangereux.

SCÈNE VI.

VICTOR seul.

ON pourroit me traiter avec plus de bonté.
Au reste, qu'espérer de ces gens de village ?
   C'est d'une malhonnêteté...
   Mais d'une telle cruauté...
   A la ville, on me dédommage ;
Des femmes du bon ton je suis l'enfant gâté :
Il me semble vraiment que le Dieu de Cythère
Est flatté de me voir briller dans la carrière ,
Et qu'il me dit : ..... volez de plaisirs en plaisirs ,
Vous trouverez toujours mille beautés nouvelles ;
   Amusez-vous , contentez vos desirs ;
   Vous soumettrez les plus cruelles.
Je suis vraiment piqué de la réception
Que vient , en ce moment , de me faire Toinon.
   Mais je veux en tirer vengeance.
   Aujourd'hui même , en tapinois ,
   Employant toute ma prudence ,
   Je prétends ranger sous mes loix
   Ce cœur rebèle et villageois ;
   Je veux fléchir cette petite fille.
   Le triomphe n'est pas très-beau ;
N'importe , il faut l'attendre au sortir du château.
   Cachons-nous derrière la grille ,
   Et si-tôt qu'elle paroîtra...

SCÈNE VII.

VICTOR, TOINON sort, et aussi-tôt Victor l'arrête par la main.

TOINON.

Peste de l'importun !

VICTOR.

J'espère cette fois. . . . . Pour le coup, vous voilà.

TOINON.

Finissez, je vous prie,
Ou j'appelle votre oncle.

VICTOR.

Ah ! doucement, ma mie.

TOINON.

Eh ! pourquoi voulez-vous m'empêcher de passer ?

VICTOR *tourmente Toinon.*

Il faut, avant, vous laisser embrasser.

AIR.

Eh ! pourquoi, la belle,
Vouloir refuser
Un simple baiser ?
Hélas ! ma belle,

Hélas ! ma belle,
Eh ! pourquoi, la belle,
Vouloir refuser !
Fait-on la cruelle
Pour un doux baiser ?
Hélas ! ma belle,
Hélas ! ma belle,
Donnez-moi, de grace,
Un doux baiser. Hélas !
Que je vous embrasse,
Soudain je m'en vas.
Hélas ! ma belle,
Hélas ! ma belle.

(Victor embrasse Toinon de force ; au même ins-
tant arrive Lucas qui les surprend).

SCÈNE VIII.

VICTOR, TOINON, LUCAS.

LUCAS.

EH ! ne vous gênez pas... Mettez-vous à votre aise.
A Victor, à Toinon faudroit-il une chaise ?

VICTOR *se sauvant.*

O ciel ! quel contre-tems !

SCÈNE IX.

LUCAS, TOINON.

LUCAS.

CELA ne va pas mal.
Ah! je ne pensois pas avoir un tel rival.
Vous vous taisez, mademoiselle?
Je puis vous assurer qu'on n'est pas moins rebelle.

TOINON.

Peux-tu douter de ma fidélité?
Ne t'ai-je pas fait cent fois la promesse
De vivre pour toi seul, et de t'aimer sans cesse?
Je ne m'attendois pas à cette cruauté.
Doit-on juger sur l'apparence?
Qu'une fille est à plaindre!

LUCAS.

Excuse ce transport.

TOINON.

C'est ce maudit Victor qui cause ma souffrance,
Lui, que je hais cent fois plus que la mort.
Le ciel connoît mon innocence.
Je voulois l'éviter, il s'attache à mes pas,
M'approche, et me prend par le bras,
Pour me conduire en ce bocage.
Je résiste, il insiste, il s'oppose au passage.
Alors, pour m'en débarrasser,

J'ai bien voulu me laisser embrasser.
Voilà mon crime, ingrat, et vous pouvez penser...

ROMANCE.

Premier Couplet.

Ah! combien je suis malheureuse !
Le bien-aimé ne m'aime plus :
Cachons-lui ma douleur affreuse ;
Pour lui, mes pleurs sont superflus.
Nous allons nous mettre en menage,
Me disoit Lucas chaque jour.
L'ingrat rompt notre mariage ;
Mais rien ne détruit mon amour.   (bis).

Deuxième Couplet.

Charmans oiseaux de ce bocage,
Recevez mes tendres adieux.
Et vous, arbres, de qui l'ombrage
Souvent nous attiroit tous deux,
Je vous quitte, et loin du village,
Je vais me rappeler le jour !
Où Lucas changeoit de langage,
Sans pouvoir changer mon amour.   (bis).

L u c a s.

Troisième Couplet.

Toi, me quitter!... Quelle folie!
A l'instant d'être ton époux,
Je te promets, ma bonne amie,
De ne jamais être jaloux,
Et dans notre petit ménage,
Le bonheur fera son séjour.
Par fois, s'il survient un nuage,
Ça ne fait qu'augmenter l'amour.

LUCAS.

Pourquoi te tourmenter?... Non, tu n'es point coupable.

TOINON *affectant d'être fâchée.*

Va, je ne t'aime plus.

LUCAS.

Seroit-il bien croyable?
L'erreur d'un seul instant est toujours excusable,
Et lorsque le cœur se repent...

TOINON *désarmée.*

Une autre fois, Lucas... soyez moins défiant.

LUCAS.

Ah! ma Toinon, tu viens de me rendre plus sage.

TOINON.

Oublions tout cela.

LUCAS.

Ne pensons qu'au plaisir.
Occupons-nous de notre mariage,
Et cherchons les moyens de pouvoir réussir.
Martin, en ce moment, parle de notre affaire.
Que je suis inquiet de savoir si ma mère
Voudra former un aussi doux lien!
Chut, je les apperçois.

TOINON.

Ah, Lucas!

LUCAS.

Ne crains rien.

(Ils se cachent derrière le bosquet).

SCÈNE X.

LUCAS, TOINON, MARTIN, PERETTE.

PERETTE *en sortant de chez elle, à Martin.*

Mon cher ami, comptez sur ma parole :
J'aime Toinon, ce n'est point une folle ;
Elle est douce, ouvrière, elle a de la vertu ;
Elle est faite, en un mot, pour devenir ma bru.

LUCAS *à Toinon.*

Je te l'avois bien dit... Il n'est pas sa semblable.

PERETTE *à Martin.*

Où sont-ils ?

MARTIN *les appercevant.*

A deux pas.

LUCAS *allant au-devant de sa mère.*

O mère incomparable !
Vous voyez devant vous le plus tendre des fils.

PERETTE *à Lucas, à Toinon.*

Je vois mes deux enfans, et de plus (*en regardant Martin*) trois amis.

TOINON.

Croyez que ma reconnoissance...

PERETTE.

Votre amitié sera ma récompense.

ARIETTE.

O jour charmant, ô jour prospère!
Écoutez-moi, mes chers enfans,
Chérissez-moi comme une mère,
Et cet ami, comme un bon père;
Ne trompez jamais vos sermens;
En lui voyez un tendre père.
Tous quatre nous serons contens
Par vos soins et votre tendresse;
Nous oublierons notre vieillesse;
Vous nous verrez toujours joyeux,
Rire, chanter. Vivent les jeux!
Vous nous verrez toujours joyeux,
Si vous tenez votre promesse.
Ah! si j'en juge par mon cœur,
De vous nous tiendrons le bonheur,
Le vrai bonheur, le vrai bonheur.

LUCAS.

Nous saurons respecter vos moindres volontés,
Ma bonne mère; après tant de bontés,
Pourriez-vous bien?...

PERRETTE.

En vous je mets mon espérance.

LUCAS.

Comptez toujours sur notre obéissance.

TOINON.

Je ferai mes efforts pour combler tous vos vœux.

LUCAS.

Martin, je vois des pleurs qui coulent de vos yeux.

MARTIN.

Ce tableau me rappelle un souvenir affreux.
Que n'es-tu là, mon fils, ame cruelle et dure!
Ton cœur pourroit céder à la nature;
  Ta femme alors...

LUCAS.

  Oubliez ces ingrats.

MARTIN.

Je ne sens plus mes maux, quand je suis dans vos bras.

PERETTE *regardant*.

  Je crois entendre ouvrir la grille.
  Ah! c'est Belfort! il vient de ce côté.
  Il n'est pas seul, laissons-le en liberté.
  Vous qui composez ma famille,
Venez tous trois chez moi pour goûter le bonheur.
    (*Ils sortent*).

SCENE XI.

BELFORT, DOLBAN *fils*.

BELFORT.

Moy cher Dolban, je vois avec douleur
En ton ami ce peu de confiance.
Depuis deux jours, après trois ans d'absence,
Je te revois par le plus grand hasard;
Mais sans gaîté, plongé dans la souffrance.
En vain sur tes malheurs tu gardes le silence,

Je prétends le savoir ; si on veux prendre ma part.
De grace, instruis l'ami qui t'aime.

DOLBAN fils.

Que t'importe un forfait qui te feroit frémir ?
Il me fait horreur à moi-même.

BELFORT.

Ton silence m'afflige, et me fait trop souffrir.

DUO.

DOLBAN fils.	BELFORT.
Mon cher, je vais m'expliquer mieux ;	
	De grace, il faut t'expliquer mieux.
Mon cher, je vais m'expliquer mieux.	
	De grace, il faut t'expliquer mieux.
	Qui cause les maux de ta vie ?
Tu causes tes maux de ma vie,	
Tu sauras les maux de ma vie.	Qui cause les maux de ta vie ?
	De grace, il faut t'expliquer mieux,
Eh bien, je vais m'expliquer mieux,	
M'expliquer mieux, m'expliquer mieux.	T'expliquer mieux, t'expliquer mieux.
	Qui peut te rendre malheureux ?
Mon cher, c'est une faute, une faute horrible.	
	Mais quelle est cette faute ? Allons, je t'en supplie.
	Moi, je le veux.
Je n'ose pas....	

DORSAN fils.

Je vais parler.

Je n'ai rien de caché pour toi;
Mais je crains trop de te dé-
plaire.

Je suis le fils le plus ingrat,
Je suis en horreur à la nature.

Épargne-moi, je t'en conjure.

Après ?
Ah! je ne puis m'expliquer
mieux,

Ah! je ne puis m'expliquer
mieux.
Voilà les chagrins de ma vie.

Ah! je ne puis m'expliquer
mieux,
M'expliquer mieux, m'expliquer mieux.

Comment ?

BELFORT.

Je t'en supplie.
Tu dois te fier à ma foi,
Oui, tu le dois, je t'en supplie.
Pourquoi, mon cher, vouloir
te taire,
Vouloir te taire ?

Après ?

Après ?

Après ?

Quoi! tu ne peux t'expliquer
mieux ?
Quoi! tu ne peux t'expliquer
mieux !

Je sais les chagrins de ta vie.
Ah! tu ne peux t'expliquer
mieux,

T'expliquer mieux, t'expliquer mieux !
Ton sort est des plus malheureux;
Mais compte sur la providence.

(*A part*).
Ce Martin, qui loge en ces
lieux,

DORBAN fils.

Que dis-tu-là?
Sois confiant.

Mais, de grace, explique-toi
  mieux.
Pourquoi gardes-tu le silence?
Mon cher ami, comble mes
  vœux,
Ah! je t'en prie.

Après?

Après?

Après!

De grace, il faut t'expliquer
  mieux.

Daigne contenter mon envie;
De grace, il faut t'expliquer
  mieux,
De grace, il faut t'expliquer
  mieux.
Oh! rien ne peut me rendre
  heureux;
Non, rien ne peut me rendre
  heureux.

BELFORT.

Me donne un rayon d'espé-
  rance.
Si c'était lui?

Oh! rien, je pense...

Ce jour pourra combler tes
  vœux,
Faire le bonheur de ma vie.

Plus j'y songe, et plus je me
  plais
A confirmer ce doux présage.

Oui, mon ami, demain, je
  gage,
Que tu jouiras de la paix.

Après?
Ah! je ne puis m'expliquer
  mieux,

Pour satisfaire ton envie,
Pour satisfaire ton envie.
Ah! je ne puis m'expliquer
  mieux.
Ah! je ne puis m'expliquer
  mieux.
Viens avec moi, viens, je le
  veux;
Ce jour pourra te rendre heu-
  reux.

Fin du premier Acte.

DORVAL fils.

ACTE II.

Le Théâtre représente un salon.

SCÈNE PREMIÈRE.

VICTOR *seul.*

Oui, Perette et Lucas sont tous deux au château ;
    Avec mon oncle ils parlent d'affaire.
Je vais pendant ce tems, à l'ombre du mystère,
A l'aimable Toinon présenter de nouveau
Mon amour, mon respect, un cœur pur et docile.
    Elle ne sera pas toujours si difficile.

ARIETTE.

(*Récitatif*).

N'importe, il faudra bien contenter mon caprice.
Je raffolle vraiment de ce petit lutin :
Je voudrois triompher de la jeune novice :
J'aime sa résistance et son air enfantin.

(*Chant*).

Dans l'ardeur qui m'enflamme,
Je cours chercher le plaisir,
Et promptement, près de la belle,

Pour lui parler de mon amour.
Ce seroit un excellent tour,
Si Toinon n'étoit pas cruelle.
Amour, contente mon désir,
Et fais que je touche son âme.
Pour toi, je cours au plaisir;
On n'est heureux que sous tes auspices.
Amour, sans tes bontés, que deviendroient nos cœurs!
O toi! qui fais des amans les délices,
Daigne sur eux toujours répandre tes faveurs.
Amour, dans l'ardeur qui m'enflamme,
Je cours chercher, etc.

Mais Dolban, comme il est rêveur, atrabilaire!
Son ami, mon cher oncle, est toujours entêté
A le faire expliquer; et lui, de son côté,
Pleure, gémit et persiste à se taire.
Je n'ai pas osé lui parler.
Il est d'une tristesse extrême.
Je puis de loin plaindre un ami que j'aime;
Mais je ne puis le consoler.
(*Il regarde derrière lui*).
Je me connois... O ciel! c'est Dolban qui s'avance;
Comment éviter sa présence?

SCÈNE II.

VICTOR, DOLBAN fils.

DOLBAN fils.

BONJOUR, Victor: faites-moi le plaisir
De me dire en quel lieu votre oncle pourroit être.
Je voudrois seul l'entretenir.

VICTOR.

Dans peu, mon cher, il va paroître;
Il parle à ses fermiers; c'est fait dans un moment.
        (A part).
    Voici l'occasion de sortir promptement.
        (A Dolban).
Je vais, si je le vois, vous l'envoyer bien vite.
        (En s'en allant).
    Près de Toinon dirigeons notre suite.
        (Il sort).

SCÈNE III.

DORSAN fils.

QUAND on a des remords, que l'on est malheureux !
Tout paroît triste au sein de l'opulence.
Ah ! sans la paix du cœur et de la conscience,
L'homme n'est qu'un être à lui-même odieux.

ARIETTE.

La vie a pour moi peu d'appas,
Depuis qu'un père est ma victime.
En vain je cherche le trépas ;
Mais Dieu seul punira mon crime.
   Ciel vengeur !
Viens frapper ce barbare accusé
De sang-froid j'attends ta vengeance.
Rien ne peut égaler les souffrances ;
Non, je n'attends point de pardon,
Après semblable trahison.
Oui, la vie a pour moi peu d'appas
Depuis qu'un père est ma victime.
En vain je cherche le trépas ;
Mais Dieu seul punira mon crime.

Je dois du genre humain mériter la colère.
Ma foiblesse, grand Dieu ! m'a rendu fils ingrat.
Une épouse hautaine a causé ma misère.
J'ai suivi ses conseils, et j'ai chassé mon père.
  (Est-il un plus grand attentat) ?
  Femme coupable et trop chérie ,

As-tu pu me forcer ?... Non, moi seul l'ai voulu,
Moi seul suis criminel. Je lui devois la vie ;
J'étois son fils, tu n'étois que sa bru.
Mais Belfort ne vient point, cela me désespère.
Fuiroit-il ma présence ?... Injuste que je suis !
Devrois-je être exigeant auprès de mes amis,
Quand mon barbare cœur a pu chasser mon père ?
(*Il s'assied en homme accablé sur un fauteuil, près d'une table*).

SCÈNE IV.

DOLBAN fils, BELFORT, PERETTE, LUCAS.

BELFORT *sortant de son cabinet, reconduit Perette et Lucas.*

Allez, mes chers amis, revenez promptement ;
J'attends Martin dans cet appartement.
(*Ils sortent par la porte du fond*).

C 3

SCENE V.

DOLBAN fils, BELFORT.

DOLBAN *fils se levant.*

J'ENTENDS venir quelqu'un.

BELFORT *s'approchant de lui.*

C'est un ami fidèle,
Qui, pour te consoler, emploiera tout son zèle ;
Sois-en persuadé.

DOLBAN fils.

Ton aspect, cher Belfort,
Adoucit l'horreur de mon sort.
Tu quittes tout pour chercher ma présence ?

BELFORT.

Je te chercherois moins dans la prospérité.

DOLBAN fils.

On connoît les amis dans la calamité.
Ah ! comment te prouver ?...

BELFORT.

Point de reconnoissance.

Toujours de tes chagrins je prendrai la moitié ;
On est assez heureux quand on sert l'amitié.

DOLBAN fils.

Mais quelle est donc ton espérance ?
Ah ! si ce n'étoit qu'une erreur,
Au lieu d'alléger ma souffrance,
De mon état tu doublerois l'horreur.
Ton amitié te porte à me flatter sans cesse ;
Tu peux me consoler, et non me rendre heureux,
Le sommeil se refuse à me fermer les yeux ;
    Ainsi juge de ma détresse.

BELFORT.

Le ciel est juste, et tes remords secrets...

DOLBAN fils.

Oui ; mais ce ciel doit punir les forfaits.

BELFORT.

Il pardonne souvent.

DOLBAN fils.

            Jamais l'enfant parjure
Qui méconnut les droits prescrits par la nature.

BELFORT.

A I R.

Dans mon sein fais couler tes larmes,
En moi vois ton consolateur ;
De la paix viens goûter les charmes.
Tu peux te fier à mon cœur ;

Qu'un doux calme en ton cœur renaisse.
Toujours sensible à sa douleur,
Et compagnon de ton malheur,
Près de lui je serai sans cesse.
Dans mon sein, etc.

DOLBAN.

Ah ! dois-je, après mon crime, attendre le bonheur ?
Cet espoir, cher ami, n'est qu'un songe flatteur.

BELFORT.

Mais pourquoi t'alarmer ?... Il est dans le village
Un homme infortuné, respectable par l'âge;
Depuis qu'il est ici, je l'ai vu plusieurs fois.

DOLBAN fils *avec vivacité*.

Ne pourrois-tu savoir le tems ?...

BELFORT.

Depuis trois mois.

DOLBAN fils.

Depuis trois mois ?... Et son nom, je t'en prie?

BELFORT.

On le nomme Martin.

DOLBAN fils.

O tourment de ma vie !
Ce n'est pas lui, non... Quel supplice affreux!
Un père est pour un fils un être précieux;
Il lui doit le bonheur d'admirer la nature.

Suis-je assez scélérat , dénaturé , parjure !
J'ai pu chasser le mien !... O jour de désespoir !
Je le cherche par-tout.

BELFORT.

Tu pourras le revoir.

DOLBAN fils.

Jamais.

BELFORT.

J'entends quelqu'un... C'est ma fermière.
Avec elle je dois terminer une affaire
Qui m'intéresse étonnamment.

DOLBAN fils.

Je te laisse.

BELFORT.

Je vais te rejoindre à l'instant.
(*Dolban entre dans la chambre de Belfort*).

SCÈNE VI.

BELFORT, PERETTE, MARTIN, LUCAS.

BELFORT.

Approchez-vous, Martin. (*A Perette et Lucas*). Vous, laissez-nous. (*A part*). Je tremble.

SCÈNE VII.

BELFORT, MARTIN.

BELFORT.

Un motif bien pressant en ce jour nous rassemble.
Depuis trois mois vous habitez ces lieux.
Martin, daignez combler mes vœux.
Je brûle de savoir les maux de votre vie;
Je les allégerai. Parlez, je vous en prie.

MARTIN.

Que vous importe un vieillard malheureux?

De grace, ignorez ma souffrance;
Mon sort est des plus rigoureux,
Rien ne peut adoucir ma funeste existence.

BELFORT.

Mais quels sont vos chagrins ? Avez-vous des enfans ?

MARTIN.

Je vous ai dévoilé mes derniers sentimens.

BELFORT.

Vous ne naquîtes point au sein de la misère ?
Votre éducation prouve assez le contraire.

MARTIN.

Hélas ! ne m'interrogez pas.
Je le vois, vous devez haïr bien les ingrats.
Je reconnois en vous une ame tendre et pure,
Qui compatit aux peines que j'endure.

BELFORT.

Expliquez-vous, Martin... je veux les adoucir.

MARTIN.

Tous vos soins ne pourroient prétendre à me guérir.
Mes maux ne finiront, hélas ! qu'avec ma vie.

BELFORT.

Pourquoi me les cacher ? Contentez mon envie.

AIR.

MARTIN.

(*Récitatif*).

Je garde le silence ;
Jamais de mon secret vous n'aurez connoissance.

(*Chant*).

J'aurois peur de troubler la paix de votre cœur
Par le récit de ma misère.
Si le ciel m'engage à me taire,
Ne persistez donc plus à savoir la douleur
Et les chagrins d'un trop bon père.
Si vous avez un jour un fils,
Ayez pour lui de la tendresse ;
Mais, pour qu'il soit toujours soumis,
Pour ce fils, ah ! jamais n'ayez de foiblesse.
C'est le conseil de la pure amitié ;
Et de vos biens, au moins, conservez la moitié.

BELFORT.

Tous vos discours ne font que me troubler.
En ami, daignez me parler ;
Eclaircissez un doute où mon espoir se fonde.
Vous pouvez, d'un seul mot, rendre heureux bien du
monde.
Vous n'avez pas toujours été si malheureux ?

MARTIN.

Non, mais mon cœur fut toujours vertueux.
La fortune souvent favorise le traître ;
Tel est heureux, qui ne devroit pas l'être.
Tandis que l'honnête homme est obscur, ignoré,

Le fourbe, l'intrigant est par-tout révéré.
Jusques dans ses enfans on trouve le parjure.
Le jour qu'on leur donna, pour eux a peu d'appas :
Donnez-leur tous vos biens, ils deviennent ingrats.
Ce vice émane-t-il de la simple nature ?
(Non, non, c'est une erreur, ne l'éclaircissons pas).
Dieu créa les mortels pour toujours vivre en frères ;
Sur la terre ils sont tous auteurs de leurs misères.
    Dans l'âge d'or, on les voyoit unis ;
Tout étoit en commun ; c'étoient de vrais amis.
L'ambition des uns fit naître l'injustice,
La déprédation, tous les germes du vice.

BELFORT.

Vous vous plaignez d'un fils, dit-on ?...

MARTIN à part.

Où veut-il en venir ?

BELFORT avec vivacité.

      Quel est votre vrai nom ?
Vous ne pouvez mentir, et votre caractère
Ne peut pas plus long-tems cacher un tel mystère.

MARTIN.

Ignorez à jamais....

BELFORT.

      Soyez plus confiant.
Seriez-vous, par hasard, l'infortuné Dolban ?

MARTIN.

Que dites-vous ?

SCENE VIII.

LES ACTEURS PRÉCÉDENS ; DOLBAN fils
*entend la voix de son père, sort de la chambre,
et vient se précipiter à ses genoux.*

DOLBAN fils.

C'EST lui-même. O mon père !
Je ne viens point ici fléchir votre courroux :
Artisan de vos maux et de votre misère,
Permettez-moi du moins d'embrasser vos genoux ;
Mais si le repentir peut effacer l'offense,
J'ose prétendre encor à votre bienveillance.
Daignez m'accorder mon pardon :
Voyez devant vos yeux le fils le plus coupable,
Mais le plus repentant.

DOLBAN père *le relevant.*

Je suis inexorable.
J'ai mis trop tôt le comble à ton ambition,
Et ton ingratitude a causé ma misère.
Des hommes et du ciel redoute la colère.

On forgea des tourmens pour les grands scélérats ;
Mais les remords du cœur sont les fils ingrats.

BELFORT.

Calmez ce désespoir, cédez à la nature ;
Vous êtes père enfin !

DOLBAN père.

Lui, mon fils !... ce parjure !
Pour être de mon sang, il fut trop inhumain.
D'autres que lui m'ont su donner du pain.

SCÈNE IX.

LES ACTEURS PRÉCÉDENS ; PERETTE et
LUCAS ayant entendu du bruit, viennent pour
chercher Martin.

DOLBAN père les appercevant.

Les voilà, mes amis... Je connois leur tendresse ;
Depuis trois mois ils sont l'appui de ma vieillesse.

DOLBAN fils se remettant aux genoux de son père.

Je tombe à vos genoux... Vous m'avez cru mort ;
Je suis un criminel, coupable envers un père ;
Aux châtimens qu'on doit m'accorder pour ma méprise.
Si vous me pardonnez, il oubliera mes torts.

BELFORT *à Dolban père.*

Laissez-vous attendrir.

DOLBAN père.

Je dois être inflexible.

PERETTE.

A ma prière, hélas ! serez-vous insensible ?

DOLBAN père *attendri.*

Qu'exigez-vous de moi ?

PERETTE.

Le pardon de ce fils,
Qui désormais sera toujours soumis.

LUCAS.

Contemplez sa douleur, son repentir sincère.
Si Lucas vous fut cher , oubliez à jamais...

DOLBAN père *désarmé.*

Lève-toi... Viens, mon fils... viens embrasser ton père.
(*Après qu'il a embrassé son fils par deux fois*).
Je ne me souviens plus des maux que tu m'as faits.

DOLBAN fils *donnant son porte-feuille à son père.*

Reprenez tous vos biens , faites-en le partage.

De

De ces braves amis les droits vous sont connus.
Si j'hérite de vos vertus,
Voilà mon plus bel apanage.

DOLBAN père.

Je vois avec plaisir un si grand changement ;
De t'appeler mon fils je m'honore à présent.
Tu préviens mes desirs, et je vais satisfaire...

(*Il ouvre le porte-feuille*).

PERETTE

Ce que nous avons fait, nous avons dû le faire.

DOLBAN père.

Permettez, mes amis... Mais où donc est Toinon ?

SCENE X ET DERNIERE.

LES ACTEURS PRÉCÉDENS; TOINON *arrive poursuivie par Victor.*

TOINON *crie en courant.*

LUCAS, Lucas ?

LUCAS.

Qu'entends-je !

VICTOR *atteint Toinon sans appercevoir personne.*

Enfin, petit démon,
Vous n'irez pas plus loin, sur ma parole.

PERRETTE *à Toinon.*

Pourquoi crier ainsi ? l'on vous prendroit pour folle.

VICTOR *appercevant son oncle.*

Mon oncle, ô ciel !

LUCAS.

Je vois bien ce dont il s'agit.
Victor paroît tout interdit.

(51)

BELFORT à son neveu.

N'êtes-vous pas honteux d'une telle conduite ?
Que faites-vous sans cesse à la poursuite
D'une fille qui n'a pour bien que son honneur ?
Voulez-vous le flétrir, et corrompre son cœur ?
 Sortez... évitez ma présence.

VICTOR.

Ah ! calmez cette violence.
Mon cher oncle, je vous promets...

BELFORT.

D'en faire autant demain.

VICTOR.

 Jamais.

PERETTE.

Il faut lui pardonner.

BELFORT.

 J'y consens ; mais...

DOLBAN père.

 Perette,
Je dois acquitter une dette.
Lucas aime Toinon ; je veux qu'ils soient heureux ;
Dès ce soir même, il faut les unir tous les deux,
Et qu'avant mon départ, ce doux hymen se fasse :
Ne me refusez pas cette légère grace.

 D 2

(52)

PERETTE.

Cela vous fait plaisir ; de bon cœur j'y consens.

DOLBAN père.

Lucas, reçois Toinon avec dix mille francs.
Accepte cette dot en ce jour de délices ;
Mais je ne prétends point m'acquitter envers vous.
    Jamais mon cœur n'oubliera vos services :
Amis, l'argent ne peut payer des soins si doux.

PERETTE, LUCAS, TOINON.

Que d'obligations !

DOLBAN père.

                    Mes amis, je le nie ;
Vous ne me devez rien... Moi, je vous dois la vie.

PERETTE, LUCAS, TOINON.

Tant de bienfaits...

DOLBAN père.

                    Vous sont bien dus.
Il n'en existe point pour payer les vertus.

DOLBAN fils.

Mes chers amis, dans cette conjoncture,
    Partagez tous l'excès de mon bonheur.
De l'amour paternel je goûte la douceur :
Convenez qu'il n'est rien d'égal à la nature.

CHŒUR.

TOUS.	DOLBAN père.
O doux moment ! instant heureux !	O doux moment ! instant heureux !
Chantons, chantons un si bon père.	Aimez, aimez un tendre père.
Le ciel a mis un terme à sa misère,	Le ciel a mis un terme à ma misère ;
Ce jour doit combler tous ses vœux.	Ce jour comble à jamais mes vœux.

FIN.

ERRATA.

Page 14, ligne 14, au lieu de Hélas ! où peut-être..., *lisez :* Hélas ! où peut-elle être ?...

COMÉDIES NOUVELLES

Qui se trouvent chez le même Libraire.

L'Apothéose de Beaurepaire, comédie en 1 acte
et en vers, du citoyen Lesur. . . . . » 1. 15 s.

Le Château du Diable, comédie héroïque en
4 actes et en prose, du citoyen Loaisel
Tréogathe. 1   5

La Bisarrerie de la Fortune, comédie en 5 actes
et en prose, par le même. 1   10

Le Cousin de tout le Monde, comédie en 1 acte
et en prose, du citoyen Picard. 1   5

Les Brigands de la Vendée, opéra-vaudeville
en 2 actes et en prose, par le C. Boullaut. 1   5

Arlequin friand, comédie en un acte et en
prose, par le Citoyen Picard. 1   5

La Moitié du Chemin, comédie en trois
actes et en vers, par le C. Picard. . . 1   15

A-bas la Calotte, ou les Déprêtrisés, comédie en un acte, par le citoyen Rousseau. . . 1   5

Le Rival Inattendu, comédie en 1 acte
et en prose, par le citoyen Gassier St-
Amand. 1   5

Michel Cervantes, comédie en trois actes,
mêlée d'ariettes, paroles du Citoyen Ga-
mas, musique du Citoyen Poignel. . . . 1   10

Dalmanzy, ou le Fils naturel, comédie en
trois actes et en prose, par le C. Boullaut. . 1   10

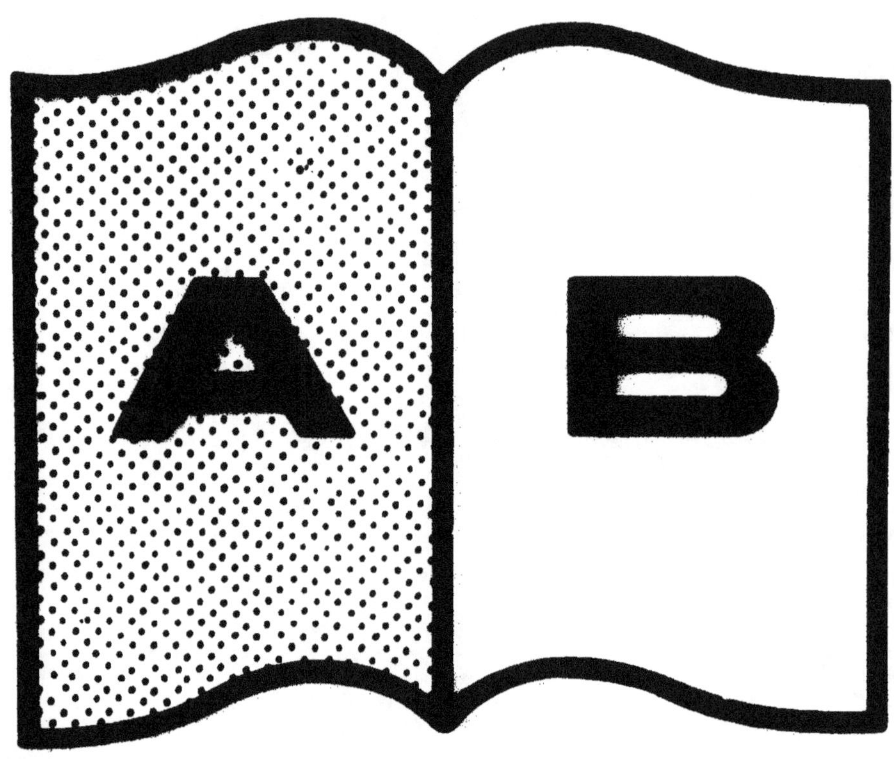

Contraste insuffisant

NF Z 43-120-14